CON GRIN SUS CONOCIMIENTOS VALEN MAS

AF145166

- Publicamos su trabajo académico, tesis y tesina

- Su propio eBook y libro - en todos los comercios importantes del mundo

- Cada venta le sale rentable

Ahora suba en www.GRIN.com
y publique gratis

Bibliographic information published by the German National Library:

The German National Library lists this publication in the National Bibliography; detailed bibliographic data are available on the Internet at http://dnb.dnb.de .

Imprint:

Copyright © 2017 GRIN Verlag
Print and binding: Books on Demand GmbH, Norderstedt Germany
ISBN: 9783668771970

This book at GRIN:

https://www.grin.com/document/431394

Fernando Tapia Ramirez

Engineering Research Methods. Métodos de Investigación en Ingeniería

GRIN Verlag

GRIN - Your knowledge has value

Since its foundation in 1998, GRIN has specialized in publishing academic texts by students, college teachers and other academics as e-book and printed book. The website www.grin.com is an ideal platform for presenting term papers, final papers, scientific essays, dissertations and specialist books.

Visit us on the internet:

http://www.grin.com/

http://www.facebook.com/grincom

http://www.twitter.com/grin_com

ENGINEERING RESEARCH METHODS

Fernando Ignacio Tapia Ramírez

Ingeniero Electrónico
Magister E.C.M. Física
Magister en Ciencias de la Educación

Estudiante de Doctorado en Ingeniería Electrónica, A.I.U. 2017

RESUMEN: Las disciplinas del área ingenieril, se han caracterizado por haber sido construidas gracias al aporte de diversos autores que la han posicionado en el lugar que es hoy. Al mismo tiempo, ha sido necesario crear estrategias que permitan crear procedimientos eficientes al momento de construir conocimiento. Para ello, se han desarrollado revistas, libros con literatura técnica y se han establecido parámetros estándares multidisciplinarios para crear o exponer información. Para el desarrollo que aquí se expone, se hará un recorrido por varias corrientes literarias que nos darán como resultado una propuesta de pasos para investigar efectivos, ajustados a una aplicación específica de la ingeniería.

PALABRAS CLAVE: Documentación, Electrónica, Instrumentación, Innovación, Investigación.

INDICE

1 INTRODUCCIÓN

Este escrito, corresponde al reporte formal, en el cual se hará uso de una recopilación de antecedentes de relevancia, asociadas a la forma y procedimientos en cómo se debe desarrollar una investigación orientada a crear un aporte a la Ingeniería [1]. Esta última palabra, proviene de un origen histórico industrial, en donde, su origen etimológico, se sustenta en el diseño y puesta en servicio de máquinas a vapor, las cuales, cambiaron significativamente el rumbo de mirar la ciencia en la llamada época de la revolución industrial. Para el desarrollo de éste documento, se hará un recorrido sustentado en dos corrientes literarias, de amplia y clásica aplicación a nivel superior, que se han destacado por hacer aportes significativos en la Metodología de la Investigación, sin embargo, ninguno de ellos, ha hecho planteamientos concretos asociados al ámbito Ingenieril, ya que gran parte de su obra se basa en el área social y ha sido resorte de cada escritor, al momento de citar el uso de sus documentos, acomodarlo a la disciplina que desarrolla. Se pondrá en contraste las obras "Metodología de la Investigación" [2], de Hernandez Sampieri & otros, como también, la obra " Escribir y comunicarse en contextos científicos y académicos", de Montserrat Castelló & otros. [3] A partir de ellos, en el recorrido temático, se propondrá una propuesta metodológica acomodada a la Investigación en Ingeniería.

2 LA INVESTIGACIÓN, CON UNA MIRADA DE A LA ELECTRÓNICA.

Para efectos de describir éste ítem, será citado como ejemplo el caso de un estudio ficticio, que se llamará "La contaminación eléctrica en las lámparas de ahorro energético de origen Chino, insertas en el mercado Chileno".

Para ello, se tomará un producto correspondiente a una lámpara de ahorro energético, obtenido directamente desde un proveedor presente en el sitio sodimac.com, siendo los siguientes datos entregados por el distribuidor [4] :

- Ampolleta led E27 5,5W luz fría
Daiku.
- SKU 290674-0 (código de venta del producto)
- Categorización Energética, según Superintendencia de Electricidad y Combustibles, Nch 3020, Oficio 2006, TIPO A.

Datos Técnicos para el instalador:

Atributo	Detalle
Consumo	6 W
Equivalencia luminosa	40 W
Marca	Daiku
Color de luz	Fría
Rosca	E27
Uso	Doméstico
Vida útil	15.000 horas
Flujo luminoso	470 lúmenes
Procedencia	China

Tabla Número 1, Información Técnica de Experimento Ficticio
Fuente: www.homecenter.com, SKU 290674-0

Para definir investigación, con la mirada de un Ingeniero, que busca hacer un aporte, es posible sustentar una definición como Investigación Pura o Básica, la cual persigue el conocimiento por el hecho de querer conocer más. Sin embargo, éste tipo de Investigaciones no aportan beneficios inmediatos a determinadas problemáticas, aunque a veces si ayudan a resolver problemas que el investigador o instituciones necesitan conocer.

Pese a que parece tajante, o bien poco útil, éste tipo de investigaciones promueven la innovación, y formas innovadoras de pensar y el interés en el desarrollo de mas investigaciones.

Como ejemplo, tomando el estudio de "La contaminación eléctrica en las lámparas de ahorro energético de origen Chino, insertas en el mercado Chileno", éste estudio, simplemente, pueden ser los siguientes pasos:

- Comprar la lámpara.
- Analizar la calidad de su iluminación.
- Verificar si el consumo energético ha descendido.
- Tomar la determinación de comprar o rechazar mayores adquisiciones.

Este tipo de ejemplo, nos deja en evidencia, que es una estrategia para la toma de decisiones.

En concordancia con los métodos convencionales, La Investigación Aplicada, busca resolver un problema específico, analizando las causas, y las posibles soluciones del mismo, agregando una componente fuerte en la experimentación y las posibles soluciones del mismo. Ésta situación sirve para resolver un problema, tomando como base el sesgo propio del experimento, y permite tomar nuevos lineamientos frente a un problema.

En el ejemplo inicial, "La contaminación eléctrica en las lámparas de ahorro energético de origen Chino, insertas en el mercado Chileno", deberíamos reajustar el nombre de nuestra investigación a otro, el cual podría ser por ejemplo " Niveles de distorsión armónicas insertadas por las lámparas de ahorro energético Marca Daiku, Modelo SKU 290674-0, Chile.

Para esto, la proyección de la investigación debiese considerar los siguientes pasos:

- Adquisición de una muestra de las lámparas.
- Pruebas funcionales y mediciones asociadas de THD (Distorsión Armónica Total)
- Resultado enmarcado y sugerente dentro de estándares legales y técnicos de un determinado lugar. Esto último, ya que varía según criterios que suceden entre un país y otro.

Éste Modelo de investigación aplicada muy pocas veces, hace que su resultado tenga repercusiones mayores, salvo en el interesado que lo pide para ajustar "su problema".

La Investigación Cuantitativa, es aquella que analiza, elementos que pueden ser medidos, o contados. Es una variante de la Investigación aplicada. Éste modelo de investigación, corresponde a una forma de investigar muchas veces en el ámbito social, pero también técnico, ya que le da la posibilidad al investigador, de crear procedimientos estándar y validados de toma de datos para lograr la credibilidad de sus resultados.

Para el ejemplo inicial, "La contaminación eléctrica en las lámparas de ahorro energético de origen Chino, insertas en el mercado Chileno", es posible considerarlas ya que el estudiar el segmento poblacional que las adquiere, o medir su efectividad en la relación baja potencia y alto índice de iluminación, implica de toma de datos cuantificables.

Tomado el modelo Cuantitativo, avanzamos ahora al Método Cualitativo, éste último, tiene la característica, de ser un modelo que se sustenta en la descripción de lo estudiado, y es de carácter transversal en muchas disciplinas académicas. Una herramienta que lo valida, es la estadística descriptiva, la cual por lo general, es de índole social. Para el caso ficticio, "La contaminación eléctrica en las lámparas de ahorro energético de origen Chino, insertas en el mercado Chileno", ahora podríamos simplemente estudiar el subsegmento poblacional que las adquiere, logrando describir cual es su real necesidad que lo induce a comprar un producto con la calidad "descendida" que se describe, es decir, tomamos como dato inicial que el producto estudiado ya es de mala calidad, y ahora es necesario conocer la causa que hace comprarlas, pese a que hay mejores alternativas por precios menores.

Desde el punto de vista moderno de la Ingeniería, hoy en día es imposible encontrarnos con una formación Ingenieril que no sea específica, por ejemplo Ingeniería mecánica, Ingeniería Eléctrica, Ingeniería Química, entre otros. Es por éste motivo, que la investigación Cuantitativa y Cualitativa, en un momento se terminan complementando entre si.

El estudio investigativo de "La contaminación eléctrica en las lámparas de ahorro energético de origen Chino, insertas en el mercado Chileno", puede ahora acabarse de una manera más profunda, analizando, un quienes la compran, valores eléctricos asociados a su consumo energético, características funcionales que ofrece, vida útil real en ambientes especiales, puntos críticos que la destruyen, etc, y ello es una muestra de la convergencia entre Cuantitativa y Cualitativa.

La Investigación no Experimental, en la formalidad debe llevarse a cabo sin manipular deliberadamente variables, o sea sólo se "observan fenómenos tal cual suceden", en su contexto natural, para después analizarlos. Para el caso ficticio "La contaminación eléctrica en las lámparas de ahorro energético de origen Chino, insertas en el mercado Chileno", podríamos centrar éste método no experimental en pasos como "Medir los valores de 'índices de Iluminación en un recinto iluminado con las lámparas descritas y también los niveles de THD, presentes en dicho recinto.

La Investigación Cuasiexperimental, hace que el investigador pueda **controlar cuando** se toman las mediciones y **sobre que se toman**. Quien investiga, no tiene control sobre los programas de tratamiento o de origen de la información, por lo tanto, su propuesta no puede sustentarse en una generalidad, si no que converge en una conclusión frente al caso dado, es un tipo de investigación aplicada.

La Investigación Experimental, se presenta mediante la manipulación de una variable experimental, no comprobada, en condiciones controladas, con el fin de escribir de que modo o porqué causa se producen una variación entre variables o nuevo conocimiento.

Para nuestro estudio ficticio, "La contaminación eléctrica en las lámparas de ahorro energético de origen Chino, insertas en el mercado Chileno", podríamos por ejemplo analizar ahora, el tipo de "alimentación eléctrica adecuada para su correcta funcionalidad, y no producir Distorsión Armónica" (Harmonics distortion).

La Investigación Experimental, es donde una aplicación de la Ingeniería muchas veces se sustenta, ello se debe a que tal como se indicó anteriormente, una prueba experimental Ingenieril, debe estar asociada a instrumentos de medición, y éstos son parte del problema, de hecho; según Erwin Schrödinger, en su obra Space-Time Structure, publicado en el año 1950 [5] , el investigador mientras hace una medición se transforma en una parte del problema o sistema estudiado, siendo muy relevante buscar estrategias para atenuar al máximo la intervención frente a la medición que hará.

Otro aspecto no menor de la investigación Ingenieril – Experimental, se debe al hecho que la relación "Causa efecto", es sensible a mas de una variable en muchos contextos, ejemplos concretos de estos son, la constante de los gases, o la dependencia funcional de un campo magnético. Ver ecuación de ejemplo.

$$PV = nRT$$

Donde:

P, corresponde a la presión absoluta del sistema.
V, corresponde al volumen que alcanza.
n, corresponde a la Molaridad del Gas.
R, es una constante universal de los gases.
T, finalmente es la temperatura del gas.

Para quien diseña un equipo autoclave por ejemplo, debe basar su estrategia de control verificando el comportamiento de éstas dos variables funcionales.

En la Metodología de la investigación, han de utilizarse Técnicas e Instrumentos para la recolección de datos, estos instrumentos son palpables y deben de registrar las variables en un estándar universal. Las mediciones desde una mirada física, pueden ser tanto directas como indirectas. Para comprender esto, podríamos preguntarnos por ejemplo ¿Cómo es posible aseverar que la temperatura del sol es 5600 °C aproximadamente, si nunca ha llegado un ser humano con un termómetro a ese lugar?. Sin embargo, la respuesta está en el efecto que éste produce el mismo, sobre un punto en nuestro planeta, para ello se utilizan procedimientos matemáticos asociados a su longitud de onda y espectro visible. [6]

3 EL ESCRITO ACADÉMICO.

Una de las características o denominador común que presenta la forma de comunicarnos en la ciencia, es a través del desarrollo de escritos académicos, para ello, dependiendo de la disciplina en la cual nos desempeñemos debemos seguir una serie de pasos procedimentales adecuados para presentar nuestras ideas, ya que una de las metas de la creación de un escrito asociado a una investigación es el "compartir el conocimiento creado", a partir de una prueba asociada a la hipótesis del tema a tratar.

La actividad científica y la académica están indisolublemente relacionadas con la escritura. A pesar de ello, en nuestro entorno se ha prestado poca atención a la función que el lenguaje escrito tiene en la misma construcción de la ciencia y en la construcción del conocimiento en entornos académicos. [3]

3.1 ¿Qué preguntarnos antes de Escribir?

Según los autores de la obra "Escribir y comunicarse en contextos científicos y académicos", parten de la premisa que la creación de conocimiento, debe ser en un orden que sea posible comprender y contrastar lo expuesto, que llevó y concluyó con una respuesta a un problema o innovación. Dicha propuesta es posible resumirla en las siguientes etapas, y preguntas que cada uno de nosotros como redactores de un escrito académico científico debiésemos seguir:

1.- Leer, escribir, investigar, aprender y comunicar ¿Actividades independientes o relacionadas?

2.- Qué, cuánto y como leer y escribir: La lectura y escritura de textos académicos en el proceso de investigación científica

3.- Leer y escribir para indagar y conocer. La lectura y la escritura exploratoria

4.- Leer y escribir para comprender, integrar y elaborar

5.- Leer y escribir para comunicar. El texto académico para ser leído

6.- Construcción de construcciones: el texto académico

7.- La Introducción y la elaboración conceptual

8.- El Diseño metodológico y la presentación de resultados

9.- La discusión y las conclusiones

10.- Las Referencias Bibliográficas

11.- Escribir y leer textos científicos y académicos: estrategias y precauciones.

12.- Querer leer y escribir todo

13.- Ordenar las lecturas

14.- Dominar la lectura y la escritura de textos científicos y académicos es cuestión de dos

Si analizamos las 14 preguntas reflexivas, propuestas por Castelló y otros, es posible lograr sintetizar lo que la escritura de textos científicos, implican en actividades de escritura y lectura, como un proceso en el cual "investigamos y aprendemos leyendo y escribiendo". Al momento de escribir, lograremos aprendizaje cuando damos el sato entre dejar de reproducir una idea y conseguimos reproducir lo investigado en términos propios. Por lo tanto la Lecto Escritura, es un procedimiento asociado a la "Creación de conocimiento", ya que por naturaleza hemos evolucionado a pensar escribiendo.

3.2 La gestión del Insumo Investigativo.

Leer, escribir, investigar y comunicar son actividades interdependientes y estrechamente relacionadas.
El siguiente diagrama modela éste proceso:

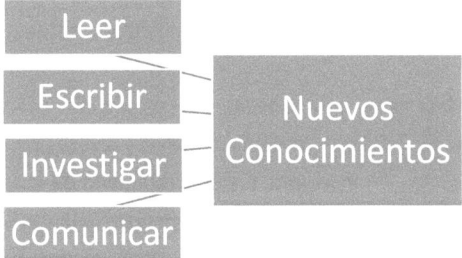

Por otro lado, se nos sugiere una secuencia básica, la cual en un escrito se considera como adecuado para la documentación de conocimientos una estructura basada en el IMRD, compuesto por una Introducción, método, resultado, discusión. Sin embargo, éstas varían dependiendo de la "técnica comunicativa que dominemos".

3.3 Tipos de Convergencia en la Escritura

La ciencia literaria, que también en un momento fue planteada en una escritura científica, propone 3 tipos de escritura epistémica, las cuales se modelan en el siguiente diagrama:

Cada uno de ellos, muchas veces es una tendencia casi natural, en cada profesional que escribe, por ejemplo, "un periodista es descriptivo, gráfico y a veces neutral", en su posición de informarnos. Sin embargo, un Ingeniero, (quien forma parte de la construcción de éste documento), tendemos a ser muy breves o sintéticos en nuestra forma de comunicar siendo muchas veces relatores de un hecho concreto, poco descriptivo, pero marcado fuertemente por un lenguaje Físico Matemático, que induce al uso de un método hipotético deductivo en el cual un modelo matemático es la respuesta a un sinfín de posibilidades que se quieren estudiar.

3.4 Recomendaciones Generales ante la misión de escribir o comunicarnos científicamente.

Como cualquier presentación a desarrollar, ésta requiere de una preparación, tal cual como procedemos cuando por ejemplo deseamos cocinar, lo cual muchas veces nos deja con sesgo de usar en exceso un modelo Axiomático reiterativo.

La preparación de un escrito, exige de manera transversal, la búsqueda de trabajos similares con fin de lograr muchas veces someterá prueba las diversas miradas al respecto y así depurar la información como también crear nuevos conocimientos.

Un nuevo, escrito debe también contar con un sustento en el cual la información presentada pueda ser contrastada con el simple hecho de que al replicar los procedimientos descritos, la información expuesta se dé como válida.

3.5 La inserción de los instrumentos, como parte del escrito.

Si agrupamos ahora procedimientos de Ingeniería, éstos se sustentan en el uso de modelos matemáticos, como también experimentación física, la cual trae consigo, consecuencias como el olor, ruido, cambios de color, deformación o situaciones perceptibles por el ser humano en general, que en términos formales, corresponde a cambios físicos, que deben ser muchas veces contrastables con procedimientos de medición obtenidos a través del uso de instrumentos adecuados.

Éstos últimos, son un proceso no menor, que se ve influenciado incluso, por su precio marca y sesgo del mercado específico en sus tipos, para lograr confiabilidad de su lectura. La interpretación de resultados es diversa, debido a que cada instrumento se clasifica según tipos, clase y condiciones de trabajo. El siguiente diagrama modela el uso de instrumentos de medición para el uso eléctrico y electrónico, bosquejando su tipo y condición de uso.

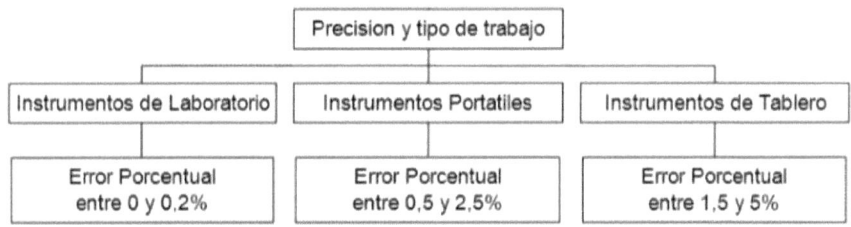

Todos los procesos experimentales de Ingeniería, presentan un aporte obtenido de manera empírica, los cuales pueden en un momento con total derecho ser cuestionados debido a procedimientos y tipos de instrumentos. En ésta misma línea los instrumentos de medición cuentan con protocolos que permiten verificar su estado, a través de procedimientos de chequeo, llamados "Certificación de una calibración", los cuales permiten analizar periódicamente su bajo factor de correlación.

Según Antonio Creus Solé, en su Obra Instrumentación industrial, propone que ésta condición de error, si es conocida, es posible tomarla y corregirla a través de factores o curvas de corrección, adecuadas para ello, de forma de poder validar la lectura. Adicionalmente, se recomienda contar o adosar datos del certificado de calibración de los instrumentos empleados, pese a que éstos solamente tienen validez en el momento de su emisión, es posible con ello, demostrar cierta trazabilidad del equipo.

Esta etapa de definición de métodos de investigación tiene la condicionante que hace muchas veces someter a cuestionamiento la investigación del relator del escrito académico. Una causa de éste problema, es la cultura académica y diferentes tipos de investigación.

3.6 El plan de Investigar

La Investigación como tal debe ser planificada, pero la planificación muchas veces es interpretada como un obstáculo a la libertad de mirar el experimento. La relevancia en la planificación en la investigación es el hecho de que éste proceso, también como escritor responsable del documento académico, nos obliga a usar fuentes rigurosas y confiables que permitan transparentar lo relatado, sin ambigüedades.

Al iniciar el documento, es necesario cumplir con una etapa clave que podría dar las bases para una aceptación o rechazo del trabajo, ya que aquí en una etapa de "Introducción y elaboración conceptual", serán tomados antecedentes existentes y luego exponemos de manera sintetizada nuestro trabajo.

El diagrama siguiente, modela un equilibrio entre estas dos partes:

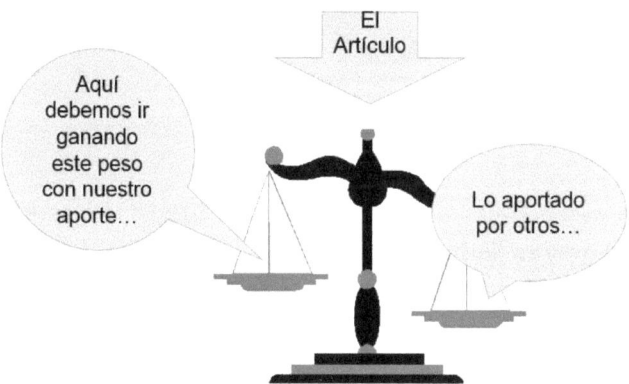

La Introducción debe ser de carácter expositivo, debe integrar la Información y debe tener un eje claro.

Un Modelo de respuesta útil, es el diagrama de Ishikawa, el cual nos ordena ideas en torno al un eje, debido a que su estructura imita un esqueleto de Pescado. Ver imagen.

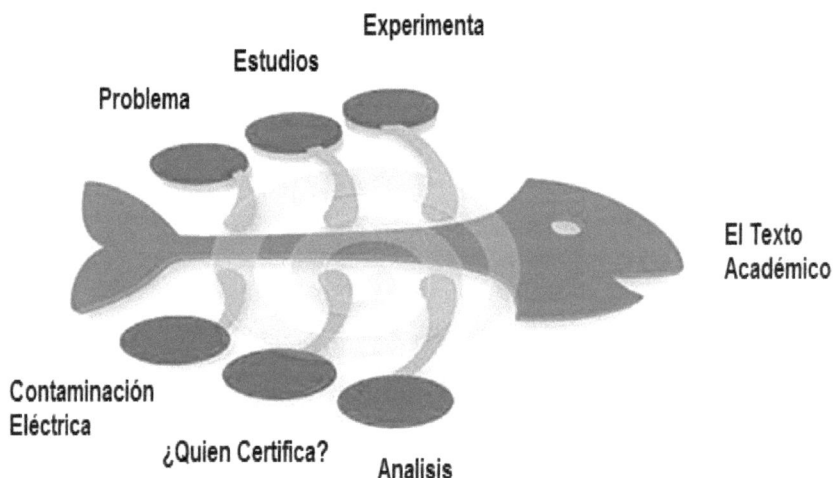

Durante el desarrollo del relato, es muy importante hacer el espacio de clasificar la información, como así también, referenciar su origen. El escrito de la Temática Ingeniero Experimental, debe hacer una mirada amplia y global, permitiendo una concatenación efectiva entre las ideas sin que se nos produzcan ambigüedades.

Un ejemplo de desarrollo de una idea, es:

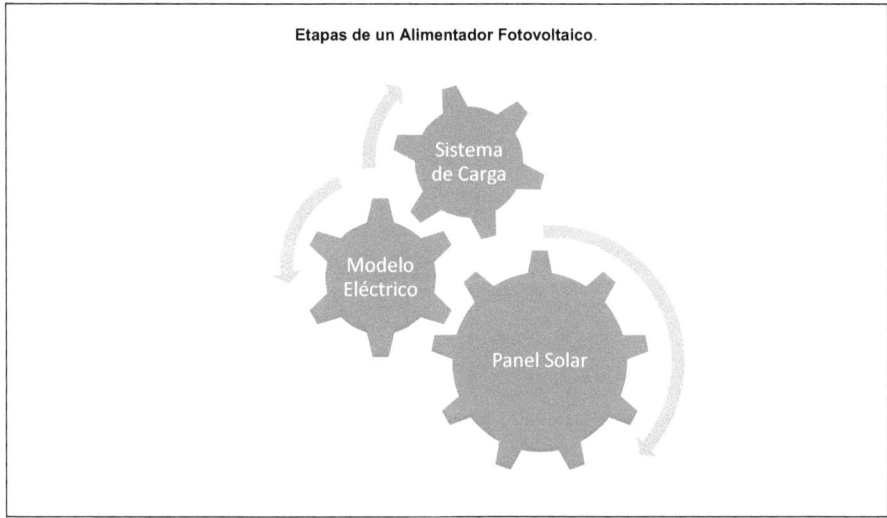

La etapa de cierre de un escrito académico pese a que es de carácter redundante mencionar, debe contar finalmente contar con un espacio de discusión y conclusión, pudiendo éstas ofrecer convergencia o divergencia entre el tema tratado. El diagrama siguiente sintetiza pasos ordenados para conseguir un cierre efectivo de la idea.

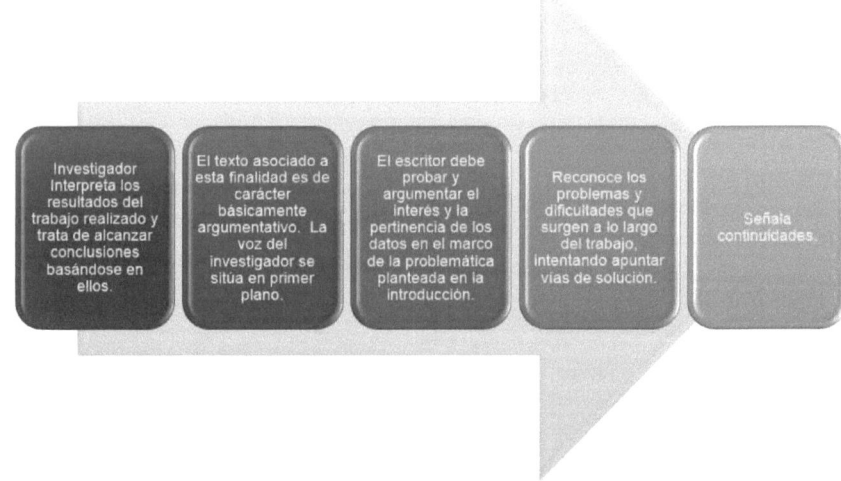

3.7 Normas de Validación:

Bajo el propósito de contestar lo expuesto y aportado por otros autores, debemos integrar las referencias bibliográficas en un estándar. Para ello existen normas que a lo largo de los años ya han sido influyentes en ésta etapa, 2 ejemplos de ello son apa y la IEEE, las cuales exponen o validan la información a través de un formato estructurado, por ejemplo APA y IEEE.

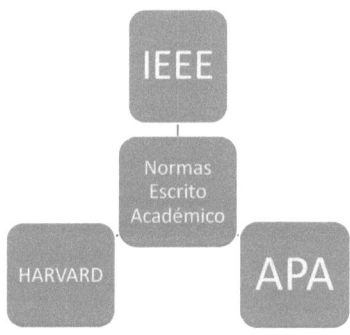

Siendo por lo general el formato IEE, la mas común para estudios de Ingeniería ya que la APA se encuentra con una componente fuerte a ser utilizada con disciplinas sociales del ámbito de la Psicología. En cambio, la IEEE, se vincula con la asociación de Ingenieros Eléctricos y Electrónicos, la cual es con una estructura definida para disciplinas tecnológicas.

4 CONCLUSIONES

Cerrando ésta etapa, cabe señalar que una investigación de índole Ingenieril experimental, debe contar con los siguientes aspectos:

- Debe ser planificada.
- Debemos utilizar instrumentos de medición acorde y contrastable con procedimientos de trazabilidad.
- Debe ser documentado en un lenguaje técnico estandarizado.
- Debe de respetar el trabajo intelectual aportado por otros autores que han aportado a la disciplina, para ello existen normas comunicacionales relevantes, según disciplina, para el caso nuestro, Doctorado en Ingeniería Electrónica, sería adecuado, el Modelo IEEE por ejemplo.
- Sus procesos de experimentación no deben alterar la naturaleza del problema, como lo menciona Schrodinger.
- Finalmente, ante todo, la experimentación debe ser replicable y ello se consigue con una redacción rigurosa de los procedimientos empleados, en lo posible, armonizados con El método Científico.

5 REFERENCIAS

[1] E. Libre, «Creative Commons Atribución-CompartirIgual,» 02 04 2017. [En línea]. Available: http://enciclopedia.us.es/index.php/Ingeniero. [Último acceso: 02 04 2017].

[2] R. Hernández Sampieri, R. Fernández Collado y P. Baptista Lucio, Metodología de la investigación, La Habana: Felix Varela, 2014.

[3] M. Castelló, A. Iñeta, M. Miras, I. Solé, A. Teberosky y M. Zanotto, Escribir y Comunicarse en contextos científicos y académicos, Barcelona: Graò, 2007.

[4] Homecenter Sodimac, «Tienda Construcción Sodimac,» 08 04 2017. [En línea]. Available: http://www.sodimac.cl/sodimac-cl/product/2906740/. [Último acceso: 08 04 2017].

[5] E. Schrödinger, Space Time Structure, Cambidge: University Press, 1950.

[6] D. Gates, «Transporation And Leaf Temperature,» Annual Reviews, vol. 19, n° 10.1146, p. 28, 1968.